DJ鉄ぶらブックス 009

東京でぃ〜ぷ鉄道写真散歩
~歩いて見つけた都会の線路~

京王電鉄京王線下高井戸　24mm　2016.1.19

prologue

鉄道写真を撮るということ

　私は、基本的には鉄道写真を中心に楽しんでいますが、生来の浮気癖のせいか、知らず知らずのうちに欲張り者になってしまいまして、「鉄道」プラス「気になったモノ」も写し撮ります。しかも近年、鉄道そのものに関する興味が薄れ、気になったモノへと写欲がいっそう移り、それも多方面に食指が動きます。そういった方面に主軸が変化してしまった人達が少なくないことも耳にします。そういう人達は、私のようなオッサンが多いのではないかと察します。車両や編成本位の鉄道写真を撮影するのがレイルファンの王道であり、大半の撮影者や読者の方々がそういった写真を望んでいるのはよくわかっているつも

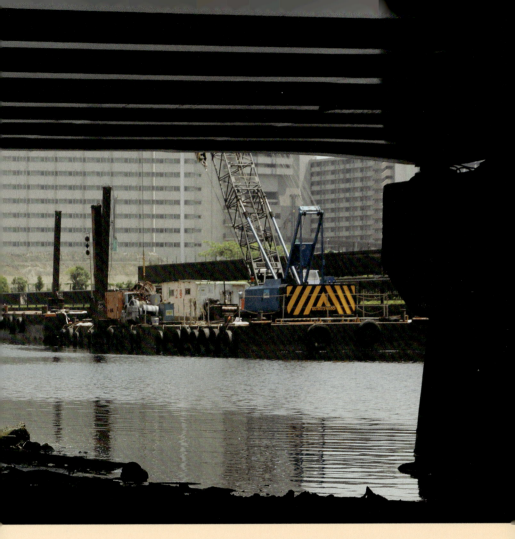

　しかし、私は次のように考えます。時が経つと、鉄道写真も単に車両以外—変化を遂げた風景や風俗、時代が読めるモノが写り込んでいる写真—のほうが、より多くの方々の興味を惹(ひ)き、後世では必要とされる確率が高いと思うのです。私があの世に行ったあとに、ひょっとしてこの本の写真が再度求められるかも知れない！　と僅かな期待を込めます。「そうか、以前はこうだった」ということがわかるような写真も少し収録しています。

　本当は車両がまったく写っていないカットをもっととりあげたかったのですが、本書は、書店さんの多くでは鉄道ジャンルの本になる可能性が大きいため、このぐらいということにしてください。また、1ページめから順にめくっていくような本でもありません。軽い気持ちで、都会の日常の、鉄道のある風景と、目に留(と)まり写し撮ったモノをいっしょに眺めてくだされば本望です。

　　　　　　　　　　　　　　（山口雅人）

東京でぃ～ぷ鉄道写真散歩
～歩いて見つけた都会の線路～

CONTENTS

［プロローグ］
◎鉄道写真を撮るということ ……………………………… 2

山手線とその内側の駅　　　　　　　　　　　　　6

ＪＲ御茶ノ水駅界隈 ……………………………… 8
中央線快速
中央・総武線各駅停車

ＪＲ水道橋駅界隈 ……………………………… 12
中央・総武線各駅停車

ＪＲ千駄ケ谷駅界隈 ……………………………… 16
中央・総武線各駅停車

ＪＲ神田駅 ……………………………… 20
中央線快速
山手線
京浜東北線

ＪＲ東京駅界隈 ……………………………… 24
東海道新幹線
東北・上越・北陸新幹線
東海道本線／上野東京ライン
総武線快速・横須賀線
中央線快速
山手線
京浜東北線
京葉線

ＪＲ御徒町駅界隈 ……………………………… 28
山手線
京浜東北線

ＪＲ鶯谷駅界隈 ……………………………… 32
山手線
京浜東北線

ＪＲ駒込駅界隈 ……………………………… 36
山手線

ＪＲ目白駅界隈 ……………………………… 40
山手線

東京メトロ茗荷谷駅界隈 ……………………………… 44
丸ノ内線

都電鬼子母神前電停界隈 ……………………………… 48
荒川線

山手線の外側の駅 ……………………………………… 52

JR錦糸町駅界隈 ……………………………………… 54
総武本線
総武線快速
総武線各駅停車

JR上中里駅界隈 ……………………………………… 58
京浜東北線

東武鉄道浅草駅界隈 …………………………………… 62
伊勢崎線（東武スカイツリーライン）

東武鉄道とうきょうスカイツリー駅界隈 …………… 66
伊勢崎線（東武スカイツリーライン）

東武東上線大山駅界隈 ………………………………… 70
東上本線

西武鉄道椎名町駅界隈 ………………………………… 74
池袋線

京成電鉄京成立石駅界隈 ……………………………… 78
押上線

京王電鉄下高井戸駅界隈 ……………………………… 82
京王線

京王電鉄池ノ上駅界隈 ………………………………… 86
井の頭線

ウオーターフロント ……………………………………… 90

JR越中島貨物駅界隈 ………………………………… 92
総武本線貨物支線

東京メトロ深川車両基地界隈 ………………………… 96
東西線深川検車区

東京メトロ新木場車両基地界隈 ……………………… 100
有楽町線和光検車区新木場分室

りんかい線品川シーサイド駅界隈 …………………… 104
りんかい線

東京モノレール大井競馬場前駅界隈 ………………… 108
東京モノレール羽田空港線

東京モノレール天王洲アイル駅界隈 ………………… 112
東京モノレール羽田空港線

東京モノレールモノレール浜松町駅〜大井競馬場前駅界隈 … 116
東京モノレール羽田空港線

ゆりかもめ汐留駅界隈 ………………………………… 120
東京臨海新交通臨海線

ゆりかもめ芝浦ふ頭駅界隈 …………………………… 124
東京臨海新交通臨海線

山手線とその内側の駅

～東京の古い街をめぐる～

JR御茶ノ水駅界隈 ／ JR水道橋駅界隈 ／ JR千駄ケ谷駅界隈 ／ JR神田駅 ／ JR東京駅界隈 ／ JR御徒町駅界隈 ／ JR鶯谷駅界隈 ／ JR駒込駅界隈 ／ JR目白駅界隈 ／ 東京メトロ茗荷谷駅界隈 ／ 都電鬼子母神前電停界隈

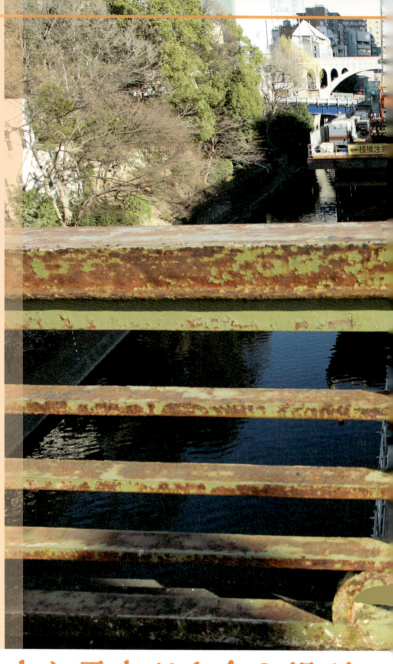

JR御茶ノ水駅界隈

水と電車が出会う場所

中央線快速
中央・総武線各駅停車

明治37（1904）年12月31日、甲武鉄道により開業。
当初は、現在よりも新宿寄りに位置していた。

線路に架かるお茶の水橋の欄干は、最上部以外は中空ではなく、鋳造ではないかと思う。写真の背景では、耐震工事とのり面工事が全面的に行なわれ、バリアフリー整備は平成30（2018）年度までの予定　24mm　2015.2.1

神田川に沿って外堀通りを秋葉原方面に向かうと、渋いビリヤード場「淡路亭」と、玉台家具製作所「淡路亭」の2軒が並ぶ。車窓からも建物の裏側が分かるので、ご存知の読者は多いと思う　24mm　2016.1.14

　首都圏にあるほかの駅とくらべると古めかしい御茶ノ水駅は、現在、リニューアルのため大規模な工事中だ。新しい駅のプランも発表され、ホームの上屋部分にコンコースが設けられ、2層構造になる予定だ。駅の北側は深い渓谷となり神田川（外濠）が流れている。
　少し神田川について話をしよう。この近辺の開削は江戸時代初頭の、伊達政宗がいた時代まで遡るという。ここはその昔、神田山と呼ばれた本郷台地を切り通して、湯島台と駿河台に分けた人工の谷だ。こんなに深く、金属製のスコップもない時代に、よくぞ人力で成し遂げたと思う。そんな谷を欠き取って、へばりつくように線路がある。大正12（1923）年の関東大震災のときは、水道橋寄り付近で、線路の路盤が崩れ落ち、土砂が川を塞いだ写真を、筆者は目にしたことがある。

　さて、当駅の前後に架かる橋についても簡単に記しておきたい。まず、水道橋寄りに架かる橋をお茶の水橋という。この橋は関東大震災で焼失、今の橋は昭和6（1931）年、震災後復興事業の1つとして架け替えられたものだ。主桁と橋脚、橋台を剛結構造とし、ラーメン（骨組み）橋という耐震性に優れた橋だそうだ。橋の手すりには面白いデザインがほどこされている。いっぽうの神田方面の橋は聖橋。昭和2（1927）年に完成したコンクリート製のアーチ橋だ。これも震災復興によるもの。なぜ聖橋という名称かといえば、湯島聖堂とニコライ堂という、ともに聖人を祀った廟を結ぶ橋であるところから付けられたという。
　御茶ノ水は昔から学生や若者で賑わい、文化、芸術の華やいだ雰囲気にあふれている。

ニコライ堂、聖橋、電車の3点セット狙いの写真。以前はこの場所からはニコライ堂（東京復活大聖堂）は見えなかったが、御茶ノ水ソラシティの建設（写真左手の切れた建物）により用地が整理されて見えるようになった　30mm　2016.1.14

聖橋は近年化粧直しが行なわれて綺麗になった。御茶ノ水駅聖橋口の跨線橋は、基本的には外壁は木製で、ペンキの剥げ具合も年季が入った感じで好きだ　24mm　2016.1.14

JR水道橋駅界隈

大震災の記念が密かに残る

走り去る電車を見送りながら古レールを眺めていると、上屋を支えるための林立する柱が、駅全体を支えているかのような安定感を感じる　135mm　2015.2.1

中央・総武線各駅停車

明治39（1906）年9月24日、甲武鉄道により開業（『日本国有鉄道百年史』）。

外堀通りに面する元町公園はルネサンス様式の薫り漂う貴重なものだ。ここにある滑り台も良い味を出したスタイルだ
24mm　2015.2.1

濠の中では、首都直下地震対策『御茶ノ水駅付近防災』工事が進む。できることならこうした対策が徒労に終わって欲しいものだ　30mm　2015.2.1

水道橋駅は神田川の縁にある高架駅で、昭和8（1933）年の複々線化工事の際には現在に至る基本構造が完成した。ホームの上屋は、古レールを多用し、均一性が保たれた骨組みが綺麗だ。西口には神田川を跨ぐ後楽橋があり、橋のたもと付近には清掃事務所の建物があって、この建物の一部が川に突き出ている。これは、通称「ゴミ船」への積込み用の部分で、空船が来ると廃棄物を下へ落とす仕組みになっている。現在は、引き船を用いて平日は3〜4往復運航している。この施設、以前は、東口に架かる水道橋のたもとにあったと記憶しているのだが、アヤフヤで申し訳ない。

さて、東口を出て水道橋を渡り、外堀通りを御茶ノ水方面へ上って行くと、北側には文京区立の元町公園がある。この公園は関東大震災後の復興公園の1つだそうだ。昭和5（1930）年の建設で、至るところ西洋庭園風なデザインで造られている。公園の片隅に鳥のモニュメントがあり、当時流行った、いかにもアール・デコといわんばかりのデザイン

元町公園の西側に立つ鳥の像。木々の葉が多い季節は電車とのツーショットは無理なので、冬場に撮りに行った　40mm　2015.2.1

だ。ほかにもイタリア・ルネサンス式庭園のカスケード（水階段）などが美しい。公園は、昭和57（1982）年に原型への修繕がなされ、80余年前の姿が保たれている。数年前に、文京区では、隣接する本郷小学校の跡地とこの公園を、総合体育館の建替え地の候補にあげていたが、のちに元町公園が持つ歴史性、文化性を考慮して別の地に変更されている。余談だが、関東大震災後の復興公園としては、錦糸公園、浜町公園、隅田公園が3大公園という話だ。

JR千駄ケ谷駅界隈

ホームに鎮座する将棋のシンボル

ホームの水飲み場には日本将棋連盟から寄贈された大山康晴名人筆跡の駒のモニュメントがある。将棋会館は当駅から歩いて7分ほどのところにある　40mm　2015.6.16

中央・総武線各駅停車
明治37（1904）年8月21日、甲武鉄道により開業。

新宿方面側には昭和39（1964）年の東京オリンピック開催時に造られた臨時ホームがある　24mm　2015.6.16

　筆者は東京都渋谷区千駄ヶ谷に住んでいる。この町名の範囲はけっこう広く、千駄ヶ谷という町名のエリアの中では、千駄ケ谷駅は東の外れに位置する。ちなみに西の外れは新宿タカシマヤがある甲州街道辺りになる。また代々木駅や新宿御苑の北側半分を含み、南側は原宿駅宮廷ホームまでが千駄ヶ谷なのだ。したがって千駄ヶ谷町には、最寄り駅が千駄ケ谷、代々木、原宿、新宿と4駅もある（原宿駅の住所は渋谷区、JRの新宿駅は新宿区）。
　千駄ケ谷駅の前身は、軍用の青山停車場が始まりだった。現在の慶應義塾大学病院の敷地から神宮外苑にかけては、かつて陸軍の工兵隊や練兵場があり、青山軍用停車場は、信濃町寄りの車窓から見える高速道路付近にあった。当時、甲武鉄道では新宿〜牛込間を建設中だったが、日清戦争勃発寸前のため、兵員輸送や物資輸送を考え、軍が線路を南へ曲げさせて新宿〜青山間の建設を急がせ、明治27（1894）年に開通。青山停車場には4線2面のホームが設けられた。この軍専用線は、現在の東京体育館の先にある外苑橋付近から線路を東南方面に分岐し、その先では線路を10本に分けたヤードがあり、先端は現在の、東京メトロ銀座線・都営大江戸線の青山一丁目駅付近まで延びていたようだ。この専用線と、甲武鉄道の分岐場所が現在の千駄ケ谷駅で、分岐付近には詰所や機関庫、転車台もあった。
　千駄ケ谷駅の開業は電車運転開始と同じ明治37（1904）年だが、そのときの駅は現在の東京寄りにある、ガードとガードの間にあった。その後複々線化に伴い、昭和4（1929）年に現在の場所に移動した。

画面の左、信濃町寄りがかつて駅があった場所。ここは谷であり、新宿御苑の湧水や玉川上水が分水をして、現在は暗渠になった渋谷川に流れ込んでいる　35mm　2015.6.15

画面の左側の森が新宿御苑で、新宿方面行電車が駅を発車したところ。右側は首都高速4号新宿線　135mm　2015.6.15

JR神田駅

高架下を彩る近代化遺産

| 中央線快速
| 山手線
| 京浜東北線

大正8(1919)年3月1日、鉄道院により開業。

レンガ積みの1つである千代田橋架道橋。建設されてもうすぐ100年を迎えるため、劣化している部分は補修が進められている　24mm　2015.1.17

画面上方の近代的な梁(はり)のような構造は新幹線の高架線。奥に、在来線の架道橋を支えるリベット組みの梁、6組12本が並んでいるのが見える　28mm　2015.1.17

　神田〜上野間の完成によって山手線の環状運転が出来るようになったのは、大正14(1925)年のことだった。その高架線は、本章で訪れたようなレンガ積みの建築ではなく、コンクリートで造られ、味わいが薄れた感がある。神田付近のレンガ積みの高架線は、大正8(1919)年に、万世橋〜東京間の開業時に建設されたもの。そのため、近年は耐震補強工事を順次行なっており、ガード下の店舗がなくなっている光景を目にする。

　また、高架線の下には、道が横切るため架道橋が設置されている。一般的に見られる架道橋は、線路に対して直角に交差していることが多いが、神田駅に隣接した架道橋はすべて斜めに交差をしている。これらは鉄道の敷設以前から道があったのでやむを得ない。しかし、この高架線の建設によって、分断されたと思われる場所が古地図を見ると分かる。もっとも、高架線の建設時に路線の両サイドには道路が新設されたため、大きく迂回する必要がないので、あまり問題にならなかったのだと思う。神田駅は改札口に隣接した道が2本、ホームの下に2本、計4本の道が高架線下を抜けている。これらの4カ所ある架道橋は、その後に増設された高架線のぶん、当然幅は広くなった。このガード下の一部や、高架下には店舗がある。高架下も駅から離れると事務所や倉庫などになるなど、用途が変わっていく。

　神田駅西口から山手線の内側を、高架沿いに東京駅方面へ歩くと今川小路という小さな呑み屋街に着く。高架下はディープな空間だ。日本銀行本店や三越本店から、歩いて5〜6分の距離にあるのが信じがたい。

高架下ではなく、ガード下にある店はさほど数はない。このようなガード下の店は、のちに増設された高架線の場所でなければ構造上設置は難しい　24mm　2015.1.17

高架下にエアコンの室外機が並んでいるので数えてみると、1つのアーチのなかに、7（9？）軒の店が入居している。画面の右奥が東京駅方面　24mm　2015.1.17

JR東京駅界隈

「新」と「旧」が共存している駅前風景

東海道新幹線　東北・上越・北陸新幹線
東海道本線　上野東京ライン
総武線快速・横須賀線
中央線快速　山手線　京浜東北線　京葉線
大正3（1914）年12月20日開業。

東海道新幹線が見えるところはないかと有楽町方面に向かうと、このような都心らしい風景があった。さらにオマケとして、良いところに住所板があったのがラッキーだった　50mm　2015.6.11

東京駅の神田寄りにある永代通りを、大手町を背にして日本橋の交差点方面を見る。東京駅開業前にあった呉服橋仮駅は、この架道橋の画面左にあった　70mm　2015.6.11

日本ビルヂング（日本ビル）は大きな敷地を持つビルで、昭和42（1967）年に竣工した。平成39（2027）年には、この場所には高さ390mの複合ビルが建つ計画だ　50mm　2015.6.11

中央区立城東小学校は建築されて平成28（2016）年で88年になる。この写真の玄関は北側だが、現在使用されている校門は反対側にある。そちらの造りも時代を感じさせる　24mm　2015.6.11

　東京駅といえば赤レンガの駅舎だが、鉄道写真を趣味とする人の大半は車両が中心で、駅舎は脇役になってしまうようだ。消えてしまう駅舎なら撮影意欲満々だが、保存された建築物となれば、初対面の頃は興味をひくが、その後は知らん顔になる。その典型が筆者だ。この東京駅や周辺での撮影となると、東海道本線や常磐線の車両が出入りする7～10番線か、新幹線ホームに足を向けるのが一般的だ。駅から外に出れば、見晴らしが良い新丸ビルの7階オープンテラスか、旧・東京中央郵便局KITTE（キッテ）6階屋上からの眺めが無難だ。しかし、ぶらぶら歩きながら、鉄道や街を探索しつつ撮影をし、あまり鉄チャンらしくないフレーミングになってしまうのが我が道！　そんなことで、昨今東京駅は丸の内側ばかりが大きく注目されるので、ヘソを曲げて、そこ以外から見た風景を切り抜いた。

　近年、八重洲口側も大きく変貌し、外堀通りの海側から東京駅を見ると、様子は全く変わり、まさに浦島太郎状態だ。そんななか、八重洲中央口前の交差点の、ヤンマービルの脇にある道を入ると、右手に中央区立城東小学校がある。ここは、昭和4（1929）年に建設されたアール・デコの昭和モダンなデザインの建物だ。10年ほど前に、日曜日の一般開放時に校内見学をしたので、近年、再び訪れたが、現在は見学ができないとのことだった。その後、偶然テレビニュースを見ていると、この一角は、200m以上の複合高層ビルに再開発され、学校もその中に入ると聞いた……。

JR御徒町駅界隈

喧噪の街に鎮座する歴史

山手線
京浜東北線
大正14(1925)年11月1日、鉄道省により開業。

駅階段の袖壁は、この駅が開業した当時のものだと思う。この駅の開業は大正14(1925)年であり、同じような意匠は上野駅や秋葉原駅でも見られた気がする　24mm　2015.6.12

北口の不忍池方面は電車の陰で見えないが、線路脇の春日通りには吉池や渋谷にもある三千里薬品、松坂屋百貨店など老舗が並ぶ　28mm　2015.6.12

　上野と秋葉原に挟まれ、一大商業地となっている御徒町駅周辺は戦災で焼け、バラック小屋の店から始まった。戦後、全国的にこの地を有名にしたのは、アメ横の存在だと思う。そのアメ横も時代とともに変化を遂げている。それは、ある程度の年齢の方ならご存知と思うが、以前のアメ横は高架線沿いの通りに面した店舗は、もっと生鮮や乾物、お茶や菓子などの店が多かった気がする。また、筆者が上野寄りで30数年前に写した写真を見ると、寿司屋に洋食、喫茶店に酒屋なども目立つ。現在では、衣料品や靴屋などの物品販売が増え、飲食店はスタンド風の店などが目に留まるようになった。もっとも、高架下の小さな店は、業種の変化はあまりないような気がする。北口改札の脇にあった戦前の建物「吉池」は最近になって建て直された。

　とくに近年は外国人観光客の多さが顕著だ。聞こえてくる言葉は我々日本人が外国にいるような錯覚を起こさせる。そんな変化を遂げるなか、往年の風情が残る店が、上野と御徒町を結ぶ商店街「上野御徒町中央通り」にある。入口にはアーチの看板があり、通りの中ほどには、昭和の薫りがするキャバレー「ブルームーン」と、その斜向かいには、中古カメラの「ミズタニカメラ」がある。

　最後に思い出したことだが、明治期、上野〜秋葉原間の地上に敷設された貨物専用線は、この商店街の昭和通り側に並行する道路がその廃線跡と思われる。以前古い地図を見たときの憶測だが、個人的には自信はあるんだけど、はたして……。

駅の東側、とくに南口方面は写真のように都内でも有数の貴金属や宝飾品を扱う店が多く集まる場所で、海外のバイヤーも多い　24mm　2015.6.12

上野寄りの車窓からもひときわ目を引く建物は徳大寺。以前付近を歩いた時、鐘の音がしたので、近所の店の人に聞くと12時と夜6時に鳴るのだと教えてくれた　70mm　2015.6.12

JR鶯谷駅界隈

「聖」と「俗」が交錯する

山手線
京浜東北線
明治45（1912）年7月11日、鉄道院により開業。

ホームからの眺めは、自然と色彩豊かなほうへと目が向いてしまう。とくに日暮れ以後はなおさらのこと、この奥の路地のネオンサインはとても綺麗だ
28mm　2014.7.13

駅から歩いて言問通りに出る。通りを渡って根岸に入ると古い建物がいくつか目に留まる。営業をやめた床屋さんの前で足が止まった　24mm　2015.1.4

　鶯谷駅は上野の山の東端に位置している。上野山台地を削り取り、崖下に沿うように線路が敷かれ、のり面はコンクリートではなく石垣で守られている。鶯谷という地名は、江戸時代、寛永寺に住む皇族が京都からウグイスを取り寄せこの地に放ったという故事から。江戸時代は栄えただろうこの町も、山手線駅のなかでは、1日の乗降客が常に最下位を更新中とのことらしい。この町の西側の大地は、もともとは寛永寺が管理する土地で、南口改札から西へ進むと、東京藝術大学や国立科学博物館、上野恩賜公園などがつづく。また谷中霊園をはじめ、寺町になっている。

　この南口改札口に建つ駅本屋は、創建時からさほど手は入れられず、むかしと変わらない平屋建築で残っている。間違っていたら申し訳ないが、山手線の駅で、駅本屋が平屋で残っているのは、新大久保駅とここだけではないかと思う。南口に架かる新坂（跨線）橋と、同じく日暮里方面にある、線路を跨ぐ言問通りの寛永寺橋は、ともに戦前のコンクリート橋だ。とくに寛永寺橋は保全をしているが古色が目に付く。古いモノついでに勝手に話を進める。当駅の南口から橋を渡って直進し言問通りに出て、通りの正面右手の道を直進すると、古い店や建物がまばらに目に入る。この道の右手には金杉通りが並行していて、そこを進むと戦前の建物が幾つか残されているエリアがある。

　鶯谷らしいといえば、線路沿いから言問通りにかけて、路地裏にあるホテルのネオン群はとくに綺麗だ。同業種がこれほどの密度であるのは全国一であり、一見の価値はある。

ホテル街側の陸橋の上からの展望は、高台上の大半はお墓ばかりだ。上野を同時発車する特急列車を、一時は熱くなって撮影に通ったことがあった　28mm　2014.7.13

寛永寺陸橋のたもとからのショット。東側に密集するホテル街のネオンサインを撮りたいと思って出かけたときの1枚　35mm　2014.6.17

JR駒込駅界隈

山手線唯一の踏切が
ある町

第二中里踏切の脇にあるゴルフボールの広告は、車窓からでも目を引く。ここはゴルフ用品の製造、卸しを商う会社だがインパクトがある存在で、設置場所も申し分ない　50mm　2013.9.8

山手線
明治43（1910）年11月15日、鉄道院により開業。

山手線の外側から内側を望むと、踏切の向こう側には橋（陸橋）があり、下には山手貨物線走っているが、この目線からではそのようには見えない　24mm　2013.9.8

　駒込駅界隈は大きからず小さからず瀟洒(しょうしゃ)な佇まいが多い。南口は高台にあり、ホームの階段を上がると本郷通りに面している。いっぽう田端寄りの北口は、反対に階段を下りて改札口に出る。この駅のホームは、台地と谷間の斜面に造られているからだ。谷側の北口付近には、現在は暗渠となった藍染(あいぞめ)川があった。また南口の本郷通りは、昔の岩槻(いわつき)街道（日光御成街道）であり、古くから人の行きかう道だった。少し駅より離れるが、東京大学の前の本郷通りと不忍(しのばず)通りの交差点に、現在はビルになっている、"本郷も　かねやすまでは　江戸のうち"という川柳で有名な「かねやす」という店がある。すなわちそこが江戸の外れ、それより駒込方面は野っ原で、キツネやタヌキが出る郊外だった。

　また、南口の駅前に六義園(りくぎえん)の森を見ることができ、この近隣は高級住宅街を有し、閑静な雰囲気がある。いっぽう北口には商店街があり活気がある。その商店街を北に進むと本郷通りに出て、さらに道なりに進むと、しもふり商店街がある。また、北口から山手線の外側に沿って田端方向へ歩いていくと、有名な山手線唯一の「第二中里踏切」がある。この踏切から、下を走る湘南新宿ライン（山手貨物線）を見て、田端方面から駒込方面を見渡すと、今のような土木重機もないのに、よくこの大地を削り取って、切通しを造ったものだと感心する。また、山手線の駒込〜田端間に乗車していると、荒川水系に浸食された平地と山手大地との境のサミット（分水嶺(ぶんすいれい)）の場所だな、と感じる。

北口は南口に比べて、なにか裏口的な感じを受けるが、商店街になっている。画面の右手へ向かうと、さらに賑やかさのある、しもふり商店街につながっている　24mm　2013.9.8

ホームから山手線の内側を見ると、古い建物にどうしても目が留まってしまう自分がいる。昭和30〜40年代は、一家の誰か1人は切手を集めていた気がする　50mm　2012.4.17

JR目白駅界隈

都内でも有数の標高差がある地域

山手線の外回りに沿って小道があるが、その道から目白通りにある改札に向かうには、少し迂回をして坂道を上ることになる。昔は、いまでは鉄道用地内にあるこの階段で、直接駅に行けたようだ　24mm　2015.5.25

山手線
明治18（1885）年3月16日、日本鉄道の駅として開業。

駅前の目白通りに架かる橋の上から池袋方面を見ていると、西武の電車が走っている。望遠レンズで狙っていると、タイミング良くカラスが2羽飛んできたので、咄嗟（とっさ）にフレームを上に向けた　135mm　2015.5.25

駅の近くにある路地には、神輿（みこし）などを収める古い建物があったので、写欲に誘われ山手線とのツーショットを目論むが、列車の動きが速く人も通る。三脚を使わない主義なので幾度も挑戦した　24mm　2015.5.25

山手線より高い足場はないかと、住宅地の坂を上り振り返ると、チラリと線路が見えたので1枚撮った。この山手線の外側の高台は、目白御殿とまではいわないが、高級住宅街のエリアだ　100mm　2015.5.25

　目白駅の開業は古く、日本鉄道が品川〜赤羽間を明治18（1885）年に開通し、開業日は少しずつ違うが、初期は目黒・渋谷・新宿・目白・板橋の5駅が設置された。駅の場所はいまと同じだが、駅本屋は現在の目白通りではなく、高田馬場寄りの山手線外回り側にあったようだ。現在の位置に駅舎を移したのは、大正の中頃の話だ。さて、目白で思い起こすのは、かつて池袋側で西武鉄道の池袋線とオーバークロスする場所にあった長崎道踏切だ。踏切は平成17（2005）年に廃止され、目白側に近代的な跨線橋が架けられた。現在、この付近で撮影するならば、山手線外回り側の跨線橋の下から池袋方面からの列車が狙える。また、跨線橋の上から架線を上手く処理すれば、反対からの下り列車も狙えると思う。

　山手線で高田馬場から目白に向かうときに車窓を見ていると、急斜面の下に神田川が見える。この沿線ではいちばん深い谷だ。川を渡ると盛土をした築堤上を走り、進行方向の左手の山頂付近に、住宅街と住宅の間から古い大きな建物の一部が、一瞬だけ見える。以前、この高台付近を歩き回っているときに気がついた建物だが、これは戦前、当時の学習院高等科の寮として、昭和3（1928）年に建てられ、現在は日立グループの福利厚生施設として使用され、歴史的建造物に指定されている。正面から見るとモダンな洋館の佇まいだ。また、近くには教会もあり、ちょっと寄るくらいはよいのではないかと思う。高台から、新宿方面の下り坂を見ると、昔はかなり急な坂道だったことが容易に想像できる。

東京メトロ茗荷谷駅界隈

起伏に富んだ閑静な街にある地下鉄の車庫

本線と車庫のある高台の間にある小道からの撮影。写真では分からないが、車庫の壁に肩が触れそうな感じで撮っている。付近ののり面は1950年代中頃の石組み造りだった　24mm　2013.7.15

丸ノ内線
昭和29（1954）年1月20日、帝都高速度交通営団により開業。

線路沿いに後楽園駅方向へ進むとお寺があり、その入口から見たところ。曹洞宗の伝(傳)明寺というお寺だ。この場所はT字路になっていて、坂を上がれば春日通りにつながる　24mm　2013.7.15

　東京の地下鉄で、開業が古い銀座線や丸ノ内線は比較的浅い場所を走っている。丸ノ内線の場合、おおよそ、浅いところでは地面から5〜6m、深い場所でも10〜11mのところを走っているようだ。そのため、谷のような場所では少なからず地上に顔を出す。そこでは普通の鉄道のように写せる。その1つとして、丸ノ内線の茗荷谷駅を訪ねた。じつは

　筆者は、この路線の池袋〜御茶ノ水間にはまるで縁がなく、東京で生まれ育って60年生きているが、数えるほどしか乗車したことがない。今回、もの珍しさも手伝って出かけてみた。

　地上を走る区間は茗荷谷駅から後楽園駅の間にもあり、小石川車両基地（中野検車区小石川分室）がある付近を探索した。茗荷谷駅から線路脇には道がないため、なるべく沿うように歩くことになった。途中、遠回りにはなるものの、線路を跨ぐ橋（跨線橋）が3カ所あったが、いずれもフェンスがあり、掘割（ほりわり）を走るような場所の写真が思うように撮れない。やはり、フェンスの網目が抜ける、レンズ直径の小さいカメラを持ち歩くことも必要だと感じる。この区間の橋はコンクリート製の小ぶりな造りで、50数年の経年変化をした肌をしていた。できることなら線路と同じ高さの場所を望んでいるが、それはないに等しかった。また、西側の小日向町内を歩いてもみたが―個人的な尺度で申し訳ないが―"こんな物がありました"的なこともなく終わってしまった。ブラブラしても収穫がないことは幾度もあるので、こればかりは仕方がないと思っている……。

大げさかも知れないが、本来ならば自分なりのフレームで撮りたいとは思っているが、ご覧のように、過去に何某かの本に掲載されている写真と同じようになってしまった車庫写真！
70mm　2013.7.15

高台にある構内への搬出入用のホイストクレーンが設置されていた。形状的には現在の装置とは違う。いつ頃の装置か探ってみたが、不明だった
35mm　2013.7.15

都電鬼子母神前電停界隈

東京に残る中世の空気

軌道脇には道路を挟んで大鳥神社があり、その対面には水車小屋のモニュメントがあった。なぜこの場所にあるのかはよくわからないが、とにかくフレームに撮り込んで写した　24mm　2013.7.17

荒川線
大正14（1925）年11月12日、王子電気軌道により開業。

鬼子母神境内には駄菓子を中心にしたお店がある。2度めに訪ねたときに、たまたま盆踊りが近くあるらしく、すごい数の赤い提灯が付けられていた　40mm　2013.7.17

　JRの山手線目白駅から、目白通りを東側の学習院方面に7〜8分ほど歩くと、千登世橋に出る。橋の下には坂を上って来る明治通りと都電の専用軌道が見える。坂の下には早稲田方面の学習院下停留所がある。都電の軌道は目白通りの下を抜け、200mほど先に進むと鬼子母神前停留所がある。現在は、この軌道の両サイドは区画整理が進み、新しい道が完成した状態だ。しかし、広々とした視野に変わったものの、軌道と道路との境に、フェンスが両サイドに建ち、車両を写すのには不向きなロケーションになった。この都電が走る軌道の両サイドに、新規に造られている道路は、目白通りから、大塚駅前停留所の1つ手前、向原停留所のある春日通りまでの区間を計画しているらしい。完成すれば、道路の真ん中に専用軌道が敷設されたような感じになると思う。

　そんなことで、以前とは沿線風景も変わって撮りづらいが、交差点のようなところにはフェンスがないので、そうした場所を中心に写した。せっかくここまで来たのであれば、参道を通って鬼子母神堂へ行くのがいいと思う。寺院の敷地内には味わいのあるお菓子屋さんや洋装店がある。また、鬼子母神とは逆の、停留所から見て東側にある、廃校になった旧・高田小学校の裏手側の路地には、「雑二ストアー」があり、小さい規模ではあるけれど一見の価値はある。この"雑二"とは雑司が谷二丁目の略から付けられたとの話で、たまには、路面電車に掛けてブラブラ歩いてみるのも楽しいはずだ。

雑司が谷方面へ歩くと、軌道と道路に高低差が出はじめ、いちばん高いところは小さなガードになり、幅の狭い道がある。このようなガードがある場所はあまりないのではないかと思う　35mm　2013.7.17

鬼子母神前停留所を発車したカットで、手前側が参道口。電車も沿線も綺麗になっていくなか、時代に取り残された懐かしい感じがあると"ココは1枚"と写すことが多くなった　24mm　2013.7.17

山手線の
外側の駅

～山手線の外側と私鉄沿線～

JR錦糸町駅界隈 ／ JR上中里駅界隈 ／ 東武鉄道浅草駅界隈 ／ 東武鉄道とうきょうスカイツリー駅界隈 ／ 東武東上線大山駅界隈 ／ 西武鉄道椎名町駅界隈 ／ 京成電鉄京成立石駅界隈 ／ 京王電鉄下高井戸駅界隈 ／ 京王電鉄池ノ上駅界隈

JR錦糸町駅界隈

かつては縦横に堀が通っていた

錦糸町といえば、レイルファンならまず思い浮かべるのはこの写真の電留線だろう。架線梁には0から5までの番号が付けられている
100mm　2013.1.30

総武本線
総武線快速　総武線各駅停車

明治27（1894）年12月9日、総武鉄道により本所駅として開業。国有化ののち、大正4（1915）年に現駅名へ改称。

ホーム上屋の柱には、国鉄時代のホーロー製の行き先方面板が今も健在だ。全柱をチェックしたわけではないが、総武線快速が発着する３・４番線ホームでは２枚見かけた　40mm　2013.1.30

高架線上のホームを、南口の四ツ目通りにある歩道橋の上から写した。写真では見切ったが、画面の右手に楽天地ビルがある　85mm　2013.9.9

錦糸町駅付近で、東京スカイツリーと電車を1つのフレームに収めようと思い撮ったのがこの1枚。もっと季節や時間を考慮すればベストショットになるだろう　100mm　2016.1.20

　錦糸町界隈は、ビルの間に高架線が走るため撮影はしにくい。街中のほうに目を向けても、筆者が興味を持ちはじめた頃には、すでに下町の風情は消え、写欲をそそる被写体があまりない。いまは、錦糸町駅の北側2kmほど先に東京スカイツリーが聳え立っている。このツリーが、総武本線のほぼ真横の位置になり、建物に隠れないような場所はないかと探し、駅南口から両国方面へ「ピアきんしちょう」と書かれたゲートのある小路に向かってみる。この小路は駅ビル通りともいわれ、以前はグチャグチャした賑やかさがあった繁華街だった。いまは区画整理され、近代的なビルが幾つか建ったためそうした猥雑さは薄れた。

　さて、放談はこの辺で終わりにして、その道を抜け最初の十字路に出る。この十字路の右手には高架線と東京スカイツリーが目に入る。ここからでは東武ホテルレバント東京の陰に隠れてしまうので、もう少し歩を進めて、大横川の暗渠から狙うのがいいと思う。

　東京スカイツリーと運河を入れて撮りたければ、京葉道路を千葉方面へ5分ほど歩くと、松代橋が見え、横十間川が流れている。途中、線路側に都営バスの江東自動車営業所がある。待機している多くのバスと築堤上を走る電車とのツーショットを、歩道から撮影をした。総武本線を走る車両と都バスの車庫を入れて撮れるのはここだけと思う。もっとも、筆者と同じ世代の方々には、「ナニ、都バス？　錦糸町だったら、都電でしょう！　駅前の丸井が錦糸堀車庫で、客車区が云々……」と説かれそうだ。

JR上中里駅界隈

武蔵野台地の東端にある都会の小駅

王子寄りにある、東北本線・高崎線の上を京浜東北線がオーバークロスする地点。王子方面から南行の電車が身をよじるようにしてやって来た　100mm　2015.5.26

京浜東北線
昭和8（1933）年7月1日、鉄道省により開業。

架線柱が少々うるさいが、新幹線車両の洗車シーンが見られた。肉眼では綺麗になったのかどうかは分からないが、写真ではピカピカに写った　100mm　2015.5.26

　東京23区内の駅のなかで、これほど静かな駅も珍しいと思う。それというのも、駅前付近には数えるほどの店があるだけで、地上駅でありながら、商業地が存在しないからだ。また、多少離れた場所にも、商店街のようなエリアや通りが見当たらないため、この付近の人たちは買い物や飲食などはどうしているのだろうかと考えてしまう。

　さて、上中里は、地形から駅舎が高台にあってホームが低地にある構造になっている。改札が1つのため、北東部の尾久方面や線路があるエリアに向かうには、いったんは高台にある改札を出て、跨線橋を渡らないと行けないようになっている。この橋を渡って崖下に下りると、在来線や東北新幹線の高架線に沿った道に出る。以前この道に沿って、田端駅近くの田端新大橋を渡り、田端運転所方面に向かって、ロケハンをしながら、ここ上中里を通り、王子まで歩いたことがある。結局、上中里付近の沿線の低地からは、撮影できそうな場所はなかったので、今回は高台側の線路沿いを歩いた。この高台からは、東北本線・高崎線の列車は見えない。あくまでも京浜東北線と湘南新宿ラインの撮影がメインとなる。改札を出て王子方面へ線路沿いに、狭い歩行者用道路があるが、鉄道写真の撮影には向いていない。きちんと車両が見えるのは、王子駅近くの跨線橋まで行かなければ無理だ。いっぽう、反対側の田端方面の高台の縁に沿って歩くと、フェンス越しにはなるが、大半は好きなところで撮れると思う。この道は山手線との分岐地点あたりまで続いている。

瀧野川女子学園付近に架かる橋のたもとからのカット。京浜東北線と湘南新宿ラインの電車が仲良く並走で去って行く
35mm 2015.5.26

田端方面に向かうと次第に標高が高くなり、道が二股に分かれて崖から離れてゆく。その先にあった屋敷の大きな門扉が目に留まった 28mm 2015.5.26

東武鉄道浅草駅界隈

歴史の深い街にある
ターミナル駅

伊勢崎線(東武スカイツリーライン)

昭和6(1931)年5月25日、東武鉄道により浅草雷門駅として開業。
昭和20(1945)年10月1日に現駅名へ改称。

江戸通りからの眺めは、外装が綺麗にお色直しされた「浅草EKIMISE(エキミセ)」。造られた時代を反映するアール・デコ様式のデザインは好きだ 24mm 2013.1.28

浅草駅ホームの先端を外から見るとこんな感じ。この架道橋の、リベット組みの桁が17本も並ぶ様は見事だ　85mm
2013.1.28

　駅と百貨店が一体化したビルディングは、関東では初めての試みとして、昭和6（1931）年に誕生した。時代とともに電車の編成が長くなり、駅のホームは建物から飛び出して、脇を走る江戸通りの上を跨ぐ跨線橋まで伸びてきた。そのすぐ先には隅田川を渡る橋梁があるが、橋へ向かってほぼ90度曲がる猛烈なカーブは、路面電車などは別として、鉄道の世界ではここでしかお目にかかれない光景だろう。

　この駅のごくごく限られたエリアに目が留まり、シャッターを切ってみた。東武鉄道の浅草駅を利用する人達は、地下鉄からの乗換えは南口の利用が一般的で、反対側の北口の利用はほとんどしないと思う。南口が「表」だといわれると、本当に北口は「裏」です！と言いたくなるぐらい、人の出入りに差がある。もっとも、この改札から北側方面は、いきなり住宅地になる。浅草駅付近は繁華街、との思い込みがあるため、この落差は大きい。とはいえ、ホームの先端付近の架道橋や高架線下には、少なからず商店もある。

　近年、東京の大手私鉄は、戦前に建設された高架線の耐震補強工事を行なっている。それに伴って、高架下の店舗などは退去し、工事終了後に新たな入居は行なわれていない場合が多い気がする。隅田川を渡った先にある北十間川に沿った高架線下でも、改修後はモヌケノカラになっている。こうした高架下の風景は写したことがなかった。こちらのほうに来る機会があるときには、1歩裏側の道に踏み込んでみるのも一興だ。

駅の裏側は"高架下"の雰囲気ブンブン。中央の2本のダクトは、駅で使用しているダスト・シュート。画面左上の蛍光灯はホームの照明で、赤い帯は電車だ　24m　2013.1.28

ガード下のタクシーの後ろが北口改札口。左手の高架下には、僅かに店舗がある。高架下道を奥へ進むと仲見世通りに出られる　24m　2013.1.28

東武鉄道とうきょうスカイツリー駅界隈

最新建造物の足元に残る江戸東京

伊勢崎線（東武スカイツリーライン）

明治35（1902）年4月1日、東武鉄道により吾妻橋駅として開業。一時廃止ののち、明治43（1910）年3月1日に浅草駅へ改称して旅客営業再開。昭和6（1931）年5月25日に業平橋駅へ改称。平成24（2012）年3月17日、現駅名へ改称。

押上2号踏切で撮った定番写真だが、この「りょうもう号」をちゃんと写したことがなかったので、取りあえずはこれで良し　28mm　2013.1.10

電留線にいる電車のサイドと、本線の高架線を走る電車を待っていると、運よく「スペーシア」が現れてくれてラッキー！
40mm　2013.1.10

　旧駅名が「業平橋(なりひらばし)」の頃に、鉄チャンなら、たいがいは行ったことがあるだろう、曳舟寄りにある踏切へ久しぶりに訪れた。というのも、とうきょうスカイツリー駅と曳舟駅の区間、750mを高架線にすることが決定したという発表を聞いたからだ。予定では平成29（2017）年度に着工して、平成35（2023）年度使用開始とのこと。地上にある頃の線路を、東京スカイツリーを背景に写すのが目的でこの駅に降り立った。
　筆者の作風は引き気味で、周りを多く入れ込み、車両本位ではないため、その辺を考慮して、写真は余裕を持って早めに押さえておく。このような工事が始まると、いろいろな工事関係の看板だの、画面がうるさくなるので、そういうのはなるべく避けたいとの思いがあるからだ。
　駅の北側には電留線があり、以前、ここに入庫している車両を撮りたいが、壁が中途半端な高さのため、撮れそうで撮れなくてイライラした経験があった。高架線が実現するとこの電留線はどうなるのだろう……。今度は駅の北側をブラつき、下町だから自分の興味に合う対象物はゴロゴロあるだろうと思いきや、大半は建て直しが行なわれていた。この付近ではそうした対象物は面ではなく点で存在する程度だった。
　少し遠いが、ここから言問通り沿いに進むと隅田川の脇に隅田公園がある。園内の池のそばの喫煙所には、昭和40年代によく見かけた吸殻入れがいまも残っている。例のポールの脚の上に丸形をした吸殻口に東京23区各区のデザインが施されたモノだ（88ページ）。

踏切の上り線側には営業をしてない店舗が目に留まる。東京スカイツリーが目と鼻の先で、街の様子の変化も速い　100mm　2013.1.10

言問通りと小梅通りの分れ道にあった飲食店の店先には、スペーシアと東京スカイツリーのツーショットが小さく飾られていた　24mm　2013.1.10

東武東上線大山駅界隈

都内有数の商店街が
東西に延びる

大山駅の南口改札口は、写真右手、ハッピーロード大山アーケード内にある。商店街は、午後は人通りが絶えない。踏切を渡り、奥の遊座大山商店街を抜けると山手通りに出る　24mm　2013.8.18

東上本線
昭和6（1931）年8月25日、東武鉄道により開業。

上り線側から見た光景。時間帯にもよると思うが、画面の左にある跨線橋を使う人はあまりいなかった　24mm
2013.8.18

板橋交通公園には都電・都バスとこの汽車がいる。日中は子ども達が多いため、この汽車を撮るには、夕方まで待った
ほうがいいと思う　28mm　2015.8.21

アーケード内を歩いていると、細い小路から自転車が出て来た。このような接道は極めて珍しいと思い、撮りたかった1枚だ　24mm　2013.8.18

　東武東上線沿線の全ての駅に降りてみたわけではないが、川越を除けば、ここ大山駅の商店街は数や賑やかさでは都内で1、2を争う規模ではないかと思う。それを物語るように、駅南口の改札を出ると、そこはもう商店街のアーケード内で傘の必要がない！　線路の西側にある商店街は、ハッピーロード大山といい、踏切を背にして見ると、アーケードが二手に分かれている。右手のアーケードは、500mほど先の川越街道（国道245号）まで延々とつづく。また、踏切を渡った東側は遊座大山商店街で、アーケードはないが、やはり500mほど先の山手通りまで店が続く商業地で、初めて訪れたときは驚いたものだ。

　さて南口改札を出て川越街道方向へ進み、国道を越えてさらに進むと板橋交通公園がある。駅から徒歩15分ほどの距離だ。そこには都電7508号車（1962年製）と、都バスのいすゞBU04（1975年製）が並んで保存されている。ここに来た最大の目的は、変な趣味かも知れないが、公園の汽車を撮影するのが1番で、都電などは2番めの目的だった。といっても本物の蒸気機関車ではなく、ご覧のとおりのコンクリート製の遊具だ。このようなモノにも、いろいろな形状があるなと思い、出先ついでに、この手の乗り物？　や、保存車両の撮影をして楽しんでいる。なお、最近大山を訪ねたときに、この駅はカーブを描いているので撮影向きだと思い、下り線ホームの池袋寄りに行ったのだが、足場は幅が狭く、鉄道写真の三脚の使用禁止と、喫煙禁止の掲示が貼られていたのが印象に残った。

西武鉄道椎名町駅界隈

大繁華街に近接した静かな町並み

線路沿いの道を池袋方面へ進むと、廃駅になった上り屋敷駅跡の南側に区立目白庭園があった。20数年前に豊島区が造園建築したようで、通常は無料なので覗いてみた 40mm 2015.6.6

池袋線
大正13（1924）年6月11日に、武蔵野鉄道により開業。

一部で有名なV字の踏切を下り線側から眺めると写真のような感じ。道路のクロス地点は下り側にあり、両方の道は狭い　24mm　2015.6.6

2つの疑問があった場所。6畳1間の公園は、豊島区立目白四丁目仮児童公園の立て札がある。ここはかつて線路の向こう側から谷端川が流れていた　24mm　2015.6.6

池袋寄りの歩行者用踏切脇から、S字カーブにさしかかった下り電車をサンシャインシティを入れて撮った　135mm　2015.6.6

椎名町駅は西武鉄道池袋線の池袋から1つめの駅で、山手通りを越えたところにある。この駅の建て替えは、関連工事も含めて4年ほど前に完了しているようだ。ここには筆者の知人がいるので幾度か来たことがある。だが、以前から車窓に気になることがあるので、降りて確かめてみたいと思っていた。今回も、特別に下調べをしてきたわけでもないので、取りあえず線路に沿いながら進もうと思ったが、線路脇の道が全くない。途中に踏切が見えるとそこまで行き、そこを渡って先に行くか戻るかを考えながら、歩を進めて、撮れるところがあれば写すという繰り返しだ。読者の方もこのような経験をしたことがあると思う。そんなことをしながら3カ所の踏切を越して、いよいよ気になっていた場所の1つにたどり着く。ここは本来ならば踏切があってもいいように思えるのだが、踏切がない。線路の向こう側にも建物がない。どうしてこれほどの道幅で行き止まりなの？　もう1つの疑問は、車窓から一瞬だが、その行き止まりに公園みたいの

が見えるので、それが公的なモノかどうか、ということだ。行ってみると、その場所が旧・谷端川（やばた）の暗渠上で、仮児童公園であることに納得した。川は線路を挟んで北側から流れている（現在は下水になっている）。

さらに池袋寄りに歩を進めると、そこは、有名なV字踏切だ。この場所も車窓から見ていて、「おや、随分変わったところだな」と誰もが思う場所だろう。ちょうど、上り線を走る「レッドアロー」の回送電車がやってきたので1枚ショットした。

京成電鉄京成立石駅界隈

下町風情が随所に残る

青砥駅が高架駅のため、過ぎ去る電車は1000分の35の勾配を上る。画面左は高架線事業の用地　24mm　2015.5.22

押上線

大正元（1912）年11月3日、京成電気軌道により立石駅として開業。
昭和6（1931）年11月18日、現駅名へ改称。

羽田空港行きの都営車が接近して来る右手は、立石駅通り商店街。この通りはアーケードの造りで、立石仲見世もそちら側にある　70mm　2015.5.22

　筆者は以前、仕事の関係でこの京成立石には何度か訪れたが、街中を含めゆっくりと見て歩いたことはなく、それも20数年も前のことだ。ひさびさにこの駅へ降り、階段を下って気がついたのが、青砥側にあったはずの、線路脇から随分と建物が消えている。近寄ると、どうやら京成電鉄の高架事業用地の告知がある。恥ずかしながらそのような事業が進んでいるとは、今まで知らなかった。ある意味、来てよかったと思い、本来は街中や商店街を撮ろうかと考えていたが、目標を変えて、線路沿いでの撮影に変更することにした。

　駅周辺で気になったのは、下り線の青砥側の、1つめと2つめの踏切の間にある「呑んべい横丁」だった。この京成立石は、よくテレビや雑誌等で飲食店や総菜屋を中心に紹介されているが、ここまで来たのであれば、その一部に入ってみるのもいいと思う。たとえば、上り線のホームの脇にある、「立石仲見世」の看板が出ているアーケードだ。こぢんまりしたエリアには行列ができる店もあるが、中をひと回りしてもさほど時間はかからない。

　なお、線路沿いの撮影と書いたものの、このあとに隣の四ツ木駅まで歩いたが、「これは！」と目に留まるモノがなかった。四ツ木方面へは線路に沿って道があり、柵も低いので普通の編成写真で、地平を走っている記録を撮りたい方にはいいかも知れない。ただ、四ツ木駅まで行ってしまうと、駅が綾瀬川の土手の高さにあるので、次第に高架になり、両サイドは壁になってしまう。

駅の階段を下るとすぐ脇には精肉店がある。近年の肉屋さんの冷蔵ケースは、下にある本体もステンレス製が多いが、このお店は昭和20〜30年代に流行ったタイル貼りだった　28mm　2015.5.22

青砥寄りの2つめの踏切に面している、営業をしていない自転車屋さんが目に入ったので撮った　24mm　2015.5.22

京王電鉄下高井戸駅界隈

レトロな商店街を横目に最新の電車が行く

踏切脇の駅入口から、下高井戸駅前市場正面側の顔を撮る。いつまでも残しておきたいシチュエーションだ。かつて、ここが有人踏切だったときに撮っておけば……と後悔する　24mm　2015.1.16

京王線
大正2（1913）年4月15日、京王電気軌道により開業。

明大前寄りの下り線側の踏切脇には、畳屋さんがあった。引き戸がアルミサッシではなく、木製の建具のままだったので写真に収めた　24mm　2015.1.16

駅から100mほど離れた道から、東急世田谷線の松原方面を望遠レンズで見た光景。前日の残雪があるだろうと思って出かけてみた　135mm　2015.1.16

ここのようにカーブしている駅は、反対側のホームも監視できるようになっている　35mm　2016.1.19

　京王線の笹塚〜仙川間が全面的に高架線になる話を、2年ほど前に耳にしたので、ぼちぼち撮影に行っておいたほうがいいかなと思うが、時間があろうとその気にならないと行かないのが常。そんなこんなで下高井戸駅にひさびさに降りるとき、そういえば急カーブの駅だったことを思い出した。この駅と似た都心部の西側の私鉄では、小田急線の代々木八幡、西武鉄道新宿線の新井薬師、東武東上線の大山といったところがあげられる。

　下高井戸駅は、東急世田谷線も含めて綺麗になった。まず、下り線の先頭側の踏切脇に出る。そこで目につくのは、踏切を挟んだ上り線側に間口を開けている「下高井戸駅前市場」。この看板が街のイメージそのものになってしまうほどインパクトがある。いささか古い話になってしまうが、筆者が少年時代—いまのような大手スーパーなどが存在しない昭和30年代—には、一つ屋根の下に個人商店が集まっている、○○マーケットと呼ばれるところや、ここのように○○市場と名付けるところが、都内のどこにでもあった。中の店は、あくまでも個々の経営だが、町営や市営などにまとめたコロニー様の場所も見たことがあった。そんな昭和の薫りが漂う構えを持つ市場を目にできるのは、懐かしく思い、存在しているのが嬉しく思える。京王線を挟み、南側には東急世田谷線がある。こちらは駅の裏口的な感じの住宅地で、駅を出ると踏切があり、90度のカーブを描いてから直線になっている。このカーブが終わる付近に立つと、次の松原駅に停車している電車が見える。

京王電鉄池ノ上駅界隈

周辺には閑静な住宅街がひろがる

私鉄の駅などでは、ホームと踏切が隣接している場所をよく見かけるが、このような光景に親近感を感じるのは私だけではなかろう　24mm　2013.8.17

井の頭線
昭和8（1933）年8月1日、帝都電鉄により開業。

直径25cmほどの球体の吸殻入れ。これは中央が目黒区のマークだが、設置場所の区や地域によって違う。昭和40年代、繁華街の交差点の角などに多く設置されていた　50mm　2015.9.23

　京王井の頭線の渋谷駅から3つめの池ノ上駅の周辺は、誰もが静かな住宅地だなと印象を受けると思う。駒場東大前〜池ノ上間の北側の半分は、東京大学関係の敷地でかなりの広さだ。このエリアには駒場公園があり、そこには日本近代文学館や、昭和4（1929）年に建築された、旧前田侯爵邸洋館がある。ただしここは駒場東大前駅から歩いたほうが近い。以前、小田急線の東北沢駅から山手通りに向かう道を、道なりに10数分ほど歩いて、この建物を写しに行ったことがあった。この洋館の外壁は薄茶色をしたタイル貼りで、保存物によくある不自然なピカピカさがなく、周りを含め、落ち着いた雰囲気が残る。見学は無料で、開館は水〜日曜と祭日となっている。ここに行く機会があるのなら、つまらないものかも知れないが、敷地の南側にある広場に幾つかあるベンチの1つの脇に、丸い形をしたタバコの吸殻入れがあるのを見てほしい。隅田公園にもあったアレだ（68ページ）。今も残っているだろうか？

　さて、池ノ上駅から、北側の池ノ上北口商店街側を少し進むと、セブン-イレブンのある十字路がある。そこを右に曲がり50〜60m行き、1つめの十字路を左に曲がる。道なりに進んで松陰中学校・高等学校の脇を通り、三角橋と書かれた信号のある交差点に出る。この交差点を左折して5〜6分歩くと、小田急線の東北沢駅に行くことができる。

　また、先述のセブン-イレブンの並びの2軒先には、古い銅板造りの看板建築が残っていた。

戦前の大正期から昭和初期の頃に、間口などを銅板葺きで設（しつら）えた看板建築の商店が多く建築された。ここの雨戸の戸袋は、3羽の千鳥がデザインされている　24mm　2013.8.17

踏切につながる道には夏草が生い茂る。都会の駅のそばでこのような光景を見るとは思いもよらず、なにかローカル的な感じがした　70mm　2013.8.17

ウオーターフロント

～変化の真っ只中に残った歴史～

JR越中島貨物駅界隈 ／ 東京メトロ深川車両基地界隈 ／ 東京メトロ新木場車両基地界隈 ／ りんかい線品川シーサイド駅界隈 ／ 東京モノレール大井競馬場前駅界隈 ／ 東京モノレール天王洲アイル駅界隈 ／ 東京モノレールモノレール浜松町駅〜大井競馬場前駅界隈 ／ ゆりかもめ汐留駅界隈 ／ ゆりかもめ芝浦ふ頭駅界隈

JR越中島貨物駅界隈

水辺に佇む鉄道の重要施設

汐見運河を挟んで対岸にある公園から見たJR東日本東京レールセンター。この日は入換用の移動機が2台休んでいた。以前はここに休車や廃車を待つ古い貨車が見られた　100mm　2015.5.17

総武本線貨物支線
昭和33（1958）年11月10日、越中島駅として開業。

構内に沿った公道からフェンス越しに撮影。京葉線が地下から高架線上に向かう勾配区間を、チキ車を入れて撮ってみた　85mm　2015.5.17

　ＪＲ東日本の東京レールセンターに隣接する越中島貨物駅は、総武本線貨物支線の終点だ。貨物線は亀戸付近から南へ分岐しており、明治通りに沿って4kmほど進んだ汐見運河の脇に通じている。現在は、貨物扱いはなく各方面へのレール発送や、ロングレールの溶接など、レールの基地として機能している。

　このレールセンターの様子を、何年かぶりに見に行くことにした。このときは京葉線の潮見駅から歩いた。越中島貨物駅は、敷地の近くまで立ち入ることのできる場所はなく、車両目的の撮影には向かない。しかし港湾の風景は面白い。潮見駅を降りて少し東京方面に向かうと、京葉線の高架を潜る道がある。そこを潜って進むと、道の先は汐見運河に面した小さな公園になっていて、対岸にはヤードが見える。ヤードの右手には、船積みのレールを陸揚げするクレーンが見え、この日は入換用移動機の姿も目にすることができた。

　さて、今来た道を戻ると深川暁橋南交差点に出る。交差点を右に折れて橋を渡り、道なりに進むと枝川小学校北の交差点があって、そこには運河を渡る遊歩道の入口がある。遊歩道の先には人道橋が見え、ここを渡って右に進むと、上り坂になった跨線橋があり、橋の上から越中島貨物駅の構内が見える。跨線橋の下からほぼ線路に沿って小道があるのでフェンス越しに構内の様子を窺うこともできる。跨線橋から北へ200m先へ進むと、東京メトロ東西線の車庫である深川車両基地に面した塩浜通りに出る（96ページ参照）。

汐見運河から見た越中島貨物駅。画面の左には京葉線の橋梁があり、右手には船積みで運ばれてきたレールの荷揚げクレーンが並ぶ　100mm　2015.5.17

歩道橋下にある行き止まりの道を東に進むと左側に住宅、右側のフェンス越しにはレールセンターの風景。運河寄りにある京葉線の高架線上に電車が来れば、多少のいろどりを添える　35mm　2015.5.17

東京メトロ深川車両基地界隈

東京メトロ東西線の車庫と工場が併設

東西に広がる車両基地のほぼ中心線上で、画面の右側がT字路になっている場所。この日は親子連れのほほえましい姿をショットできた　40mm　2015.5.17

東西線深川検車区

昭和42（1967）年9月15日、深川検車区として発足。
翌年4月1日、深川工場が発足。

道路沿いには写真のような表示がされていた。ここの車両基地の敷地は、長さは東西が約800m、南北の幅は約100mある　50mm　2015.5.17

　以前、JRの越中島貨物線（総武本線貨物支線）を撮影しに出かけたときに、この東京メトロ深川車両基地の所在地を知った。そのときは、この車両基地の撮影は行なわずにいたが、今回は、それを目的に出かけた。最寄り駅は、東京メトロ東西線の東陽町駅だ。余談だが、同じ日に越中島貨物線の沿線を訪れるのなら、この東陽町駅が便利で、永代通りを千葉方面に500～600mほど直進すると貨物線の踏切に出る。

　さて、話を本編に戻そう。この車両基地は、東京メトロ東西線に使用されている05系、07系、15000系達のねぐらだ。基地の周囲はJR東日本の東京レールセンターや、ジェイアールバス関東・東京支社の車庫などが隣接しているため、基本的には敷地の北側に沿った、塩浜通りから眺めることになる。この通りから撮影するときは、フェンスの先端がファインダーに入ってしまうのでくふうが必要だ。

　ここへの最短アクセスは、東陽町駅の日本橋寄りの出口2番から地上に出て、永代通り東陽町駅前交差点の信号機を、左に曲がり、ホテルルートイン東京東陽町がある道を直進する。その先にある汐浜運河を渡ると、正面に車両基地が見えてくる。この車両基地を見るだけでは物足りないのはよく分かるので、出来れば先述した、越中島貨物線との抱き合わせで訪れるのがベストだと思う。越中島貨物線の運転は、不定期ながら基本的には月曜から金曜日の間は、単機を含め2～3往復は運転されているようだが、断言はできないので、申し訳ないがお許しを願いたい……。

検車区で見かけた小さな車輪径をした2軸の移動機。レイルファンの間ではよく知られているアント工業製だが、年式などは読み取れなかった　85mm　2015.5.17

東京メトロ東陽町駅から歩いて来てすぐに、車庫側に渡らず通りを挟んで撮った。この日は休日だったため交通量が少なかったのでできた　24mm　2015.5.17

東京メトロ新木場車両基地界隈

木の香りが漂うエリア

新木場付近には材木に関する業種が数多く並び、木の匂いが漂ってくる。そのなかには造船業もあり、普通の街とは趣がちがう　40m　2015.5.18

有楽町線和光検車区新木場分室

昭和63（1988）年4月5日、準備事務所が発足。
同年5月23日から業務開始。

荒川の河口寄りの歩道橋の下からの眺めはご覧のとおりで、高いフェンスがないので助かる。この歩道橋は構内の反対側に通じている　100mm　2015.5.18

　東京メトロ有楽町線終点の新木場駅。この駅前から、入出庫・折返し用の線路が延びる高架線沿いに東へ1kmほど進むと、線路は南にカーブをして東京湾方面に向きを変える。高架橋の下を抜けると、車両基地の正面ゲートがある。門の表示には「和光検車区　新木場分室」と書かれている。ここからでは、何も見えないので、そのまま進むと、荒川の堤防脇の遊歩道に出る。遊歩道を右手の河口方面に400mほど行くと、木々の合間のフェンス越しに、車両基地内が見えてくる。さらに少し先に行くと、車両基地を横断する歩道橋があり、そこからは、留置された電車群が見渡せる。ご承知の方も多いと思うが、ここでは有楽町線の車両以外に、半蔵門線や南北線など、ほかの線区の車両達も目にすることができる。

　また、この橋の上からは東京湾の水平線が見える。電車の車庫の背景に、水平線が見られるのはここだけではないかと思う。望遠レンズで覗くと、天候や風向きにもよるが、羽田空港に離着陸する航空機も目にすることができる。そのため、"電車並び" と、背景に飛行機を写り込ませた構図を写すことができる。帰路は、今来た道を戻るより、この歩道橋を先に進んだほうが早く新木場駅に着く。駅まではおよそ20分の道のりだ。

　余談だが、駅に向かうときに、何か木場らしい被写体はないかと高架線付近を寄り道しながら歩くと、倉庫のような建物の中では、数億円はしそうなクルーザーが製作されていた。また、「まな板あります」の看板を目にしたときは、さすがに木場らしさを感じた。

車両基地にはさまざまな会社・形式の車両達が並んでいる。画面では見切ったが、左側は荒川の河口であり、背景には水平線が見える　70mm　2015.5.18

新木場駅から千葉方面に目をやると、折返しの電車が引上げ線に停車している。もう1段高い高架線はJRの京葉線だ　85mm　2015.5.18

りんかい線品川シーサイド駅界隈

大都会の水辺に広がる優美な世界

京浜運河の大井北埠頭にある歩道橋からの眺め。日中東京モノレールはネットダイヤ（網の目のように規則正しく上下列車が設定されたダイヤグラム）のため、この付近ではすれ違いを幾度も目撃した　70mm　2015.4.26

りんかい線
平成14（2002）年12月1日開業。

品川清掃工場付近からの展望で、東海道新幹線回送線の上に架かる陸橋は都道316号北部陸橋。画面右のカーブをしている歩道付近から、出入庫する新幹線が見える　135mm　2015.4.26

モノレール浜松町駅方面からやって来た電車を、上り勾配にかかるところで捉えた。背後で赤いアーチを描くのは水道橋　135mm　2015.4.26

都道316号北部陸橋のカーブ付近からは、機関車の機回しや入庫時の機影を狙える。望遠系のズームレンズがあったほうがいい場所だ　135mm　2015.4.26

　JRの埼京線が乗り入れる臨海高速鉄道りんかい線の大崎駅から2つめの品川シーサイド駅は京浜運河の脇にある。出口Aから地上に出て、天王洲アイル方向に100mほど進み、交差点を右に向かうと、すぐに京浜運河を渡る大井北埠頭橋がある。この橋を渡るときに、東京モノレールの下を潜(くぐ)るが、その軌道は道路橋を越すために両サイドが結構な勾配になっていておもしろい。運河を渡り切ったところにある歩道橋に上るとモノレールが見渡せる。午後は逆光気味になる。

　さて、この歩道橋を下りてさらに直進すると、道路は右へとカーブをする。このカーブの下には東海道新幹線の回送列車が走り、陸橋が地上に降りる手前までがおもしろい。ここは、新幹線の出入庫を狙える場所ではあるが、障害物がいろいろとあり、それらを上手く処理して撮影するところがその人のセンスかもしれない。

　ここを訪れたときには、この回送線での運転本数は、1時間に4～5本程度で、いちばん長く待ったのは30分ぐらいだった。また、この場所は、JR貨物の東京貨物ターミナル駅構内のいちばん北端にあたる。そのため、到着して貨車を解放した機関車が、掛員(かかり)を乗せて近くまでやって来るのを狙うことができた。しかし、こうした機回しの機影が見られるのは、運次第といったところか……。

　このポイントは品川シーサイド駅から700～800mほどで、付近に商店はないが、駅の脇のイオン品川シーサイド店内には飲食店がある。また、京急電鉄の青物横丁駅も近い。

東京モノレール大井競馬場前駅界隈

働く機関車たちの姿を捉える

東京貨物ターミナル駅が見えるところに着いてみると、この日、機関車溜まりには期待外れの両数しかいなかった。画面では見切ったが、入換えが行なわれていた　100mm　2015.4.26

東京モノレール羽田空港線
昭和40（1965）年5月27日、臨時駅として開業。

この付近の象徴的なイメージとして、1つのコマに東京貨物ターミナルの看板とN700系を入れたショットを撮ろうと思いつき、新幹線が現れるのをじっと待った　135mm　2015.4.26

鉄道用地内では、廃棄されたコンテナ倉庫はよく目にするが、台車を外したワム80000形の倉庫は、東京圏のJR敷地内では他で見たことがない　70mm　2015.4.26

JR貨物の一大拠点である東京貨物ターミナル駅に向かうには、東京モノレールの大井競馬場前駅が最寄り駅になる。モノレールの駅に降り立つと、風向きによっては、干し草の香りが鼻をくすぐる。駅の東側には名前のとおり、競馬場がある関係で厩舎がある。そのためこの競走馬と、モノレールを1つのフレームに収めることができないか、以前から考えているのだが、いまだにロケハンもせず数年が経ってしまったので、今回の本を書く機会に出かけてみた。

　まずは、貨物ターミナルへ向かう。改札を出てすぐ右側に京浜運河に架かる勝島橋がある。この橋を渡り、トラックが行き交う道をひたすら直進し、1.2kmほど進むと下に首都高速湾岸線が見える。上の交差点にある横断歩道を北側の歩道に渡る。すると眼下に、JR東海大井車両基地の新幹線が見える。ただし先頭部分は見えない。さらに進むと、建物を挟んでJR貨物の機関車群が見えてくる。曜日や時間帯によって機関車の両数や機種、停車位置が違うのは、言うまでもなく運まかせ！

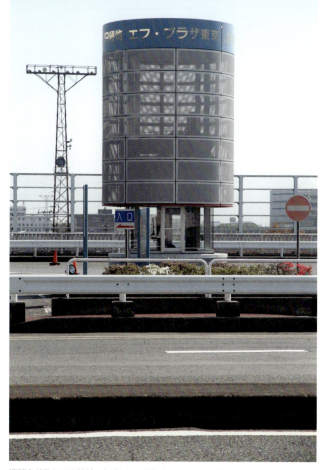

機関車が見える反対側の車線には、貨物ターミナル駅の敷地から、この陸橋を結ぶスロープがある。そのゲートには、監視室だろうか？　このような塔が建てられている　100mm　2015.4.26

　以前、この道を先に進んで地上に降り、線路に沿って都道316号を歩き、どこか撮影場所はないかと探してはみたが、歩いた割には収穫がなかった思い出がある。帰り道を戻るのは気が重くなるので、大井税関前交差点にある「みなとが丘ふ頭公園前」バス停を使う。都営バスの品98系統品川駅港南口行きが走っており、1時間に2〜3本運行している。

　冒頭に記した、撮りたかった構図は結局ウマくいかなかった。

東京モノレール天王洲アイル駅界隈

歴史のある埋立地を歩く

東京都港湾局東京港管理事務所脇に野外展示されている元蒸気船、第一芝浦丸。船体はリベット留めで、古風なスタイルをとどめている。近未来的なモノレールとの対比が面白く、レンズを向けた　28mm　2015.4.17

東京モノレール羽田空港線
平成4（1992）年6月19日開業。

東京モノレール天王洲アイル駅の羽田空港寄りに京浜運河を渡る橋がある。この写真は、その橋のたもと付近から、運河越しに駅を写したもので、遠くには運河を渡る新幹線も見える　100mm　2015.4.17

東京モノレール天王洲アイル駅の上下線を結ぶ跨線橋からは、ガラス越しだが羽田空港方面への軌道が見える。画面奥の長いトラス橋梁は東海道新幹線の回送線　135mm　2015.4.17

東京モノレール天王洲アイル駅の浜松町寄りにある運河に架かる橋は、モノレールも並行して走る。この橋から釣りをすると感電事故の危険があるため、軌道には禁止を促す看板が貼られている　35mm　2015.4.17

　東京モノレールと、東京臨海高速鉄道りんかい線の2つのアクセス路線がある天王洲アイルは、湾岸のロケーションを取り入れて、回送線を行く東海道新幹線やモノレールを撮影するにはお手軽な場所だと思う。モノレール駅の海側や、浜松町寄りの橋を渡った報知新聞社側の運河沿いには遊歩道が設けられ、運河には東京海洋大学の船や、クルーズ船が係留されていることがある。遊歩道からは、これらの運河越しに、運河を渡る回送中の新幹線を狙うことができる。長めの望遠レンズを用意して行くほうがいいと思う。なお、食事などはモノレール駅に隣接した、シーフォートスクエア内で済ましておいたほうが無難だと思う。駅の外に出ても、この付近のエリアにはあまり飲食店は見当たらないからだ。

　さて、海岸通りを北へ向かってワールドシティタワーズアクアタワーを横目に、運河に沿って浜松町方面に少し進むと、以前はただの広い空き地だったところに、現在は港南緑水公園がある。ここの海岸通り側にはモノレールが走り、公園内から撮影できる。モノレールに沿って海岸通りを北へ進むと東海道新幹線の回送線が海岸通りを跨ぐ場所がある。

　さらに100mほど先には東京都港湾局東京港管理事務所がある。この正門の脇には、大正15（1926）年に製造され、昭和49（1974）年に廃船になった引船、第一芝浦丸が保存されている。以前訪ねたときは、広角レンズを持ち合わせておらず、モノレールとのツーショットが撮れなかったので再度訪ねてショットしてみた。

115

東京モノレール
モノレール浜松町駅〜大井競馬場前駅界隈

古いものと新しいものがせめぎ合う

画面奥のガードの向こう側は第一京浜(国道15号)との交差点。このような味のある佇まいを見つけると、列車と1つのフレームに収めたいが、なかなかチャンスはないものだ　24mm　2013.6.24

東京モノレール羽田空港線
昭和39(1964)9月17日開業(モノレール浜松町駅)。

JRの田町駅近くで、東京モノレールが90度カーブをする付近の下は芝浦公園になっている。ここを訪れた頃はちょうどサクラの季節で、近所のビジネスマンたちが花見を楽しんでいた　24mm　2015.4.4

　浜松町〜田町間をJR線に乗車していると、ほぼ中間地点で、やや大きなガードを渡る。このガードの名称は芝橋架道橋で、下には国道130号が走っている。ちなみにこの国道は総延長480mほどと、日本で2番めに短い国道だそうだ。その国道の海側にある、芝浦一丁目交差点付近には、ほんのわずかだが、戦前から戦後間もなく建てられた家並みが残っている。このような幅の広い大きな通りに面した土地は、建ぺい率や容積率が高いために、ビル用地などに変わるケースが多い。こうした建物や街並みに出会うと、筆者は、なるべくレンズを向けるように心掛けている。

　芝浦一丁目交差点から田町寄りに100m行った港区芝浦1−11−16にある、保存が決まった旧協働会館を一見するのもいいと思う。そこは戦前の芝浦花柳界の見番（けんばん）（置屋・料亭・待合の取りまとめ、配膳や芸者の手配、遊興費精算をする場所）で、昭和11（1936）年の木造建築だ。こんな寄り道をしながらぶらぶらすると、線路沿いには港区スポーツセンターが新しく建設されていた。1990年代前半、旧海岸通りにあった「ジュリアナ東京」に行ったとき以来歩く道で、当時はあか抜けない街のイメージだったが、20数年の月日の流れを痛感する。そんな変化を感じながら、さらに田町方面に向かうと、モノレールは90度のカーブを描き、芝浦公園の上を通って運河を渡る。その近くにある交差点は、3方向に橋が架けられためずらしい風景。どの橋も戦前モノで味がある。その1つは架け替えの準備中だった。ここからはJRの田町駅東口のほうが近く、あと400mほどだ。

東京モノレールがＪＲ線から離れる付近では、公園が整備されたばかりで真新しい。平成27（2015）年の春から見かけるようになった常磐線へ直通するＥ657系特急どうしがすれ違う一瞬　28mm　2015.4.4

ＪＲの田町駅東口から浜松町方面に300ｍほどの場所にある、公共施設「みなとパーク芝浦」正面玄関付近から東海道新幹線を捉えた　28mm　2015.4.4

ゆりかもめ汐留駅界隈

近未来的な街並みが広がる

汐留駅周辺は、目にするモノが大きな時間差がなく建設されたため、デザインが統一された未来都市空間の象徴のようなエリアだ　24mm　2015.3.25

▎東京臨海新交通臨海線
平成14（2002）年11月2日、ゆりかもめにより開業。

ゆりかもめの軌道は、浜離宮の外周を回り込むように建設され、ＪＲの浜松町駅手前で90度の急カーブを描く
135mm　2015.5.3

画面の正面が新橋方面となり、ここはご覧のように歩行者用のデッキで、お子さま連れでも電車を眺めるには安心なところ　24mm　2015.5.3

背景に見えるのがゆりかもめの汐留駅で、手前が新橋方面となる。ゆりかもめはこの付近で90度向きを変え、まもなく新橋に到着する　100mm　2015.4.4

　東京湾岸エリアの交通機関として、新橋〜豊洲間を運転しているゆりかもめの汐留駅付近から竹芝駅に向かうまでの区間もおもしろい。この路線は起点の新橋駅から僅か400m先には汐留駅があり、その間には日本テレビタワーが目を引く。通称「日テレ」の建物の低層階は商業スペースになっていて、多くの行楽客達が訪れている。また、隣接するビル群や近隣の建物は、日本有数の企業が入るオフィス街であり、目に入る風景は近未来都市をイメージさせる。そんなエリア内の歩行者デッキなどから、被写体として狙うゆりかもめは、この空間によくマッチしていると思う。

　また、この辺りを訪れるのなら、ゆりかもめが走る銀座寄りにある入場無料の「旧新橋停車場　鉄道歴史展示室」へ立ち寄ることをお勧めする（開館時間10〜17時、入館は15分前まで。通常は月曜休館）。

　さて、今度は汐留駅から竹芝駅方面に目を向けて話を進めよう。竹芝方面へ進むとJRの在来線や東海道新幹線が見えてくる。少し先には汐留イタリア街に隣接してイタリア公園がある。この公園内からも新幹線やゆりかもめを眺めることができる。比較的よく見えるのは、さらに先にある「アクティ汐留」という建物から、ゆりかもめが東へ90度カーブをするあたりまでだろう。この付近は、公園より歩行デッキが高くなっている。また、ガラス越しにはなるが、逆にこのガラスを入れ込んで、都会的な風景の鉄道写真にまとめる方法もある。ここから浜松町駅までは歩いて数分、このまま駅へと向かい、本日は終了！

ゆりかもめ芝浦ふ頭駅界隈

昔の埠頭の雰囲気を味わう

旧海岸通りの高浜橋北詰付近。新芝運河が引き潮のときの光景で、右手には時代に取り残されたような建物が見える。運河の西側300mほど先には、東海道本線等の下をくぐる高輪架道橋がある　24mm　2015.5.2

東京臨海新交通臨海線
平成7（1995）年11月1日、東京臨海新交通により開業。

運河が合流する芝浦排水機場付近。背景に見える高架橋は首都高速1号羽田線。画面には入っていないが、右手の遠方には東海道新幹線の回送線も眺めることができる　40mm　2015.5.2

　レインボーブリッジからの展望を楽しんだり橋を歩いて横断するには、新橋駅からゆりかもめに乗車して4つめの芝浦ふ頭駅が最寄り駅だ。この周辺は、運送関係の倉庫や建物が並び、住宅や店舗などの気配は全くないエリアだ。芝浦ふ頭駅からレインボーブリッジまでは一本道で、ブリッジの開放時間は4月1日～10月31日は9～21時、11月1日～3月31日が10～18時、入場は閉場の30分前までとなっている。橋の上からは、ゆりかもめをはじめ、東海道新幹線の回送線や東京モノレールなども眺められるが、撮影には望遠レンズを使用するとよい。また、対岸の青海埠頭までは1.7kmあり、寒い季節や風の強い日、雨天の日は避けたほうがよい。お台場側ではりんかい線の東京テレポート駅が近い。
　さて、本書で紹介した写真は、レインボーブリッジから撮影したもの（右ページ下）以外は、芝浦ふ頭駅から見て、東京モノレール側になる西側のエリアを歩いた写真だ。橋上の展望台から、都営浅草線・京急電鉄の泉岳寺駅までは、直線距離で1.2kmほどだが、埋立て地のため、橋を迂回しながらの歩きとなる。この迂回コースが東京モノレール撮影のロケーションになり、いくつかポイントはあった。この付近で痛感したのは、日差しを避ける場所が少ないので、暑い季節は避けたほうがいいことと、飲食店が極端に少ないため、それなりの心構えで出向いたほうがいいということだ。
　1つ付け加えておきたいのは、泉岳寺駅を利用するなら、全高1.66mという都区内では最も低いガード、高輪橋架道橋を通行することになることだ。ここは山手線の新駅建設時には消えるという噂もあるので、出先ついでに記録してはいかがだろう。

芝浦中央公園運動場・フットサル場脇には、ヨットを模したデザインの浜路橋がある。この付近は、東京都下水道局の施設の一角となっている　24mm　2015.5.2

ゆりかもめのループ線の背後には、東京モノレールが小さく見える。画面はベイブリッジの橋上からの展望で、橋の上は揺れるために三脚の使用は不向きだ　100mm　2015.3.28

（著者プロフィール）

山口雅人：昭和30（1955）年東京生まれ。蕎麦屋の4代目として家業を継ぐ。その後、鉄道模型メーカー、映像制作会社カメラマン、外資系補聴器メーカーの社員などを経て、現在古物商を生業とし、おもに鉄道に関する古資料・古写真・古文献などを収集している。鉄道雑誌の巻頭やグラフページへの寄稿多数。ワイド系レンズを多用した独特な作風を得意としている。おもな著書に『鉄道少年の頃』（光村印刷）、『東京1980's』（イカロス出版）、『絵解き東京駅ものがたり』（イカロス出版）ほか。古い鉄道関係のビジュアル資料の提供で出版社や広告代理店に協力している。

DJ鉄ぶらブックス009
東京でぃ～ぷ鉄道写真散歩

2016年2月29日　初版発行

著　　　者：山口雅人
発 行 人：江頭　誠
発 行 所：株式会社交通新聞社
　　　　　〒101-0062
　　　　　東京都千代田区神田駿河台2-3-11
　　　　　NBF御茶ノ水ビル
　　　　　☎ 03-6831-6561（編集部）
　　　　　☎ 03-6831-6622（販売部）
編 集 協 力：菅原光生
本文DTP：パシフィック・ウイステリア
印刷・製本：大日本印刷株式会社
　　　　　　（定価はカバーに表示してあります）

©Masato Yamaguchi 2016
ISBN978-4-330-65916-9

落丁・乱丁本はお取り替えいたします。
ご購入書店名を明記のうえ、
小社販売部宛に直接お送りください。
送料は小社で負担いたします。